대 통 령
문재인의 5년
화 보 집

새 　 로 　 운
1 0 0 년 의
여 　 정 　 을
담 　 　 　 다

대 통 령
문 재 인 의
── 5년
화 보 집

더휴먼

한미 정상회담에 참석하기 위해 미국 워싱턴 앤드류스 공군기지에 도착한 문재인 대통령

(2021년 5월 20일)

백악관에서의 한미정상회담을 마치고 기자회견중인 문재인 대통령

(2021년 5월 22일)

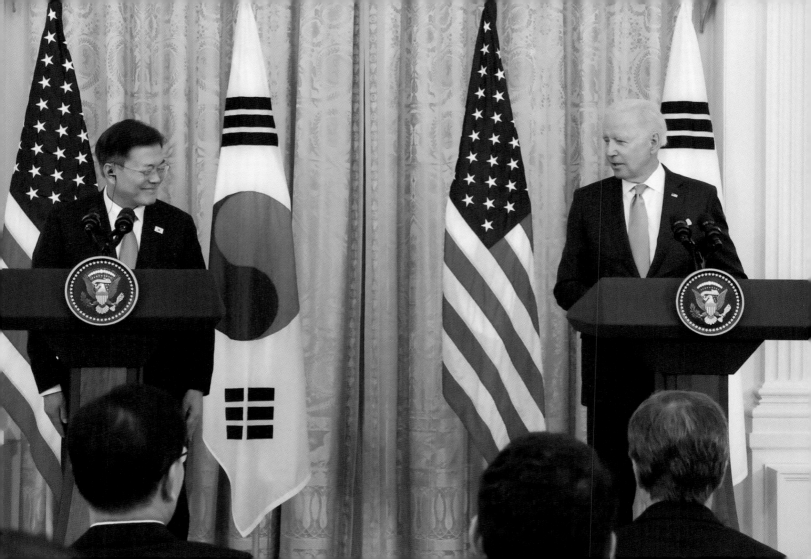

'한미 백신 기업 파트너십 행사'에 참석한 문재인 대통령
(2021년 5월 22일)

미국 워싱턴에서 교민들과 만난 문재인 대통령
(2021년 5월 23일)

'2021 P4G 서울 녹색미래 정상회의' 개회식에서 연설하는 문재인 대통령

(2021년 5월 30일)

영국 콘월에서 열린 G7 정상회의에 참석한 문재인 대통령 내외분
(2021년 6월 13일)

G7 정상회의에서 참가국 정상들과 함께

(2021년 6월 13일)

오스트리아를 국빈 방문중인 문재인 대통령

(2021년 6월 15일)

건강보험 보장성 강화대책 4주년 성과 보고대회에 참석한 문재인 대통령
(2021년 8월 12일)

국립대전현충원에서 열린 홍범도 장군 유해 안장식에서 추념사를 하는 문재인 대통령
(2021년 8월 18일)

청와대에서 열린 미래세대와 문화를 위한 특별사절 임명장 수여식에서
BTS와 기념사진을 찍은 문재인 대통령
(2021년 9월 14일)

미국 뉴욕에서 화이자 회장을 접견하는 문재인 대통령
(2021년 9월 21일)

미국 ABC방송과의 인터뷰에 앞서 BTS와 환담중인 문재인 대통령

(2021년 9월 22일)

미국 하와이 펀치볼 국립묘지 한국전 참전 무명용사의 벽을 방문한 문재인 대통령

(2021년 9월 23일)

제73주년 국군의 날 기념식에서 경례하는 문재인 대통령

(2021년 10월 1일)

한국형 발사체 '누리호(KSLV-2)'의 발사 참관을 마치고 연구원을 격려하는 문재인 대통령
(2021년 10월 21일)

이탈리아 로마에서 열린 '철조망, 평화가 되다' 전시회에서 LED 촛불 점등식을 하는 문재인 대통령
(2021년 10월 29일)

스코틀랜드에서 열린 유엔기후변화협약 정상회의에 참석한 문재인 대통령

(2021년 11월 1일)

유엔기후변화협약 당사국 총회 의장국 프로그램에 참석한 문재인 대통령

(2021년 11월 2일)

준장 진급자 삼정검 수여식에서 진급 장성의 경례를 받고 있는 문재인 대통령

(2021년 11월 16일)

2021 국민과의 대화 '일상으로'에서 밝은 표정을 짓고 있는 문재인 대통령
(2021년 11월 21일)

국가인권위원회 설립 20주년 기념식에서 대한민국 인권상을 수여하는 문재인 대통령

(2021년 11월 25일)

충남 녹도 초등학생들과 화상 대화 도중 환하게 웃는 문재인 대통령

(2021년 12월 2일)

사회복지공동모금회에 성금을 전달하는 문재인 대통령 내외분

(2021년 12월 3일)

국빈 방문 중인 호주에서 한국전 참전용사를 만난 문재인 대통령

(2021년 12월 13일)

호주 시드니에서 스콧 모리슨 호주 총리와 기념 촬영하는 문재인 대통령 내외분
(2021년 12월15일)

한국-우즈베키스탄 정상회담에서 기념촬영하는 문재인 대통령

(2021년 12월 17일)

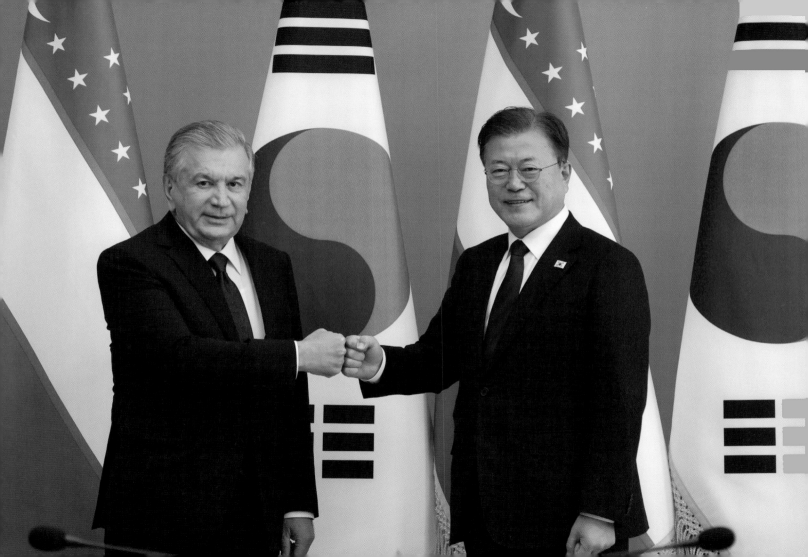

울산 태화강 – 부산 일광 구간을 운행하는 광역전철에 시승한 문재인 대통령
(2021년 12월 28일)

국립서울현충원 참배를 마치고 방명록을 작성하는 문재인 대통령
(2022년 1월 2일)

'2022년 신년 인사회'에서 연설하는 문재인 대통령

(2022년 1월 3일)

청와대에서 화상으로 열린 '2022 신년 인사회'에 참석한 문재인 대통령
(2022년 1월 3일)

두바이 엑스포 한국의 날 공식행사에서 연설하는 문재인 대통령
(2022년 1월 16일)

두바이 엑스포 쥬빌리공원에서 열린 K-POP콘서트에서 공연을 관람하는 문재인 대통령 내외분
(2022년 1월 17일)

훈센 캄보디아 총리와 인사하는 문재인 대통령

(2022년 2월 11일)

외국인투자기업인과의 대화에 참석한 문재인 대통령

(2022년 2월 17일)

제57기 육군3사관학교 졸업 및 임관식에서 임관장교에게 계급장을 수여하는 문재인 대통령

(2022년 2월 28일)

서울 서대문구 국립 대한민국임시정부 기념관에서 열린
제103주년 3·1절 기념식에서 태극기를 흔드는 문재인 대통령
(2022년 3월 1일)

제103주년 3·1절 기념식에서 연설하는 문재인 대통령
(2022년 3월 1일)

제20대 대통령선거 사전투표소에서 투표하는 문재인 대통령 내외분

(2022년 3월 4일)

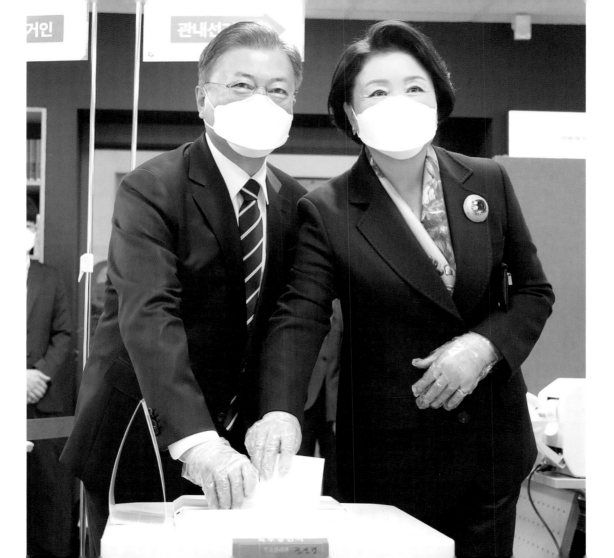

신임 대사들에게 신임장을 수여한 문재인 대통령

(2022년 3월 4일)

경북 울진군 화재현장을 방문한 문재인 대통령

(2022년 3월 6일)

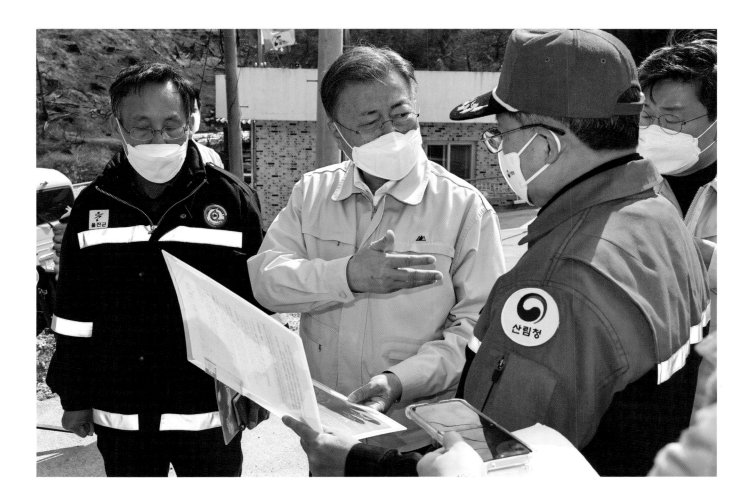

청와대 여민관에서 열린 수석보좌관 회의에서 발언하는 문재인 대통령
(2022년 3월 28일)

합장 반배하는 문재인 대통령 내외분

(2022년 3월 30일)

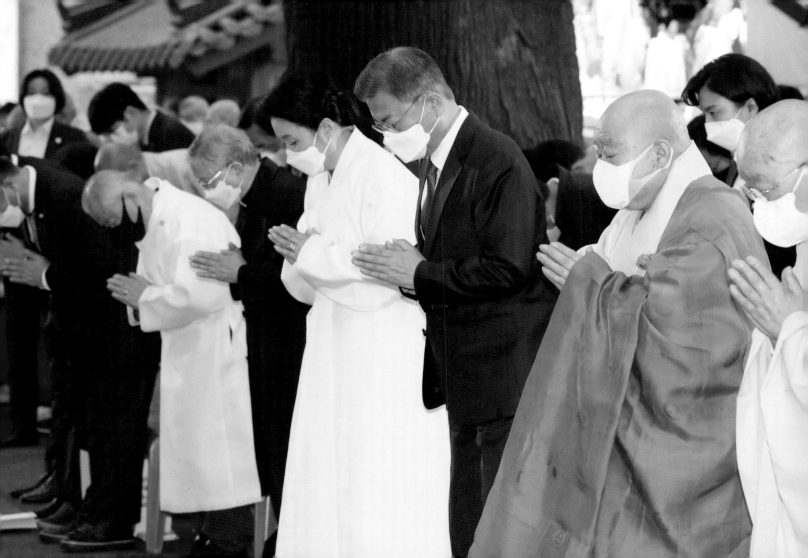

장성 진급자 삼정검 수여식에서 삼정검을 전달하는 문재인 대통령

(2022년 3월 31일)

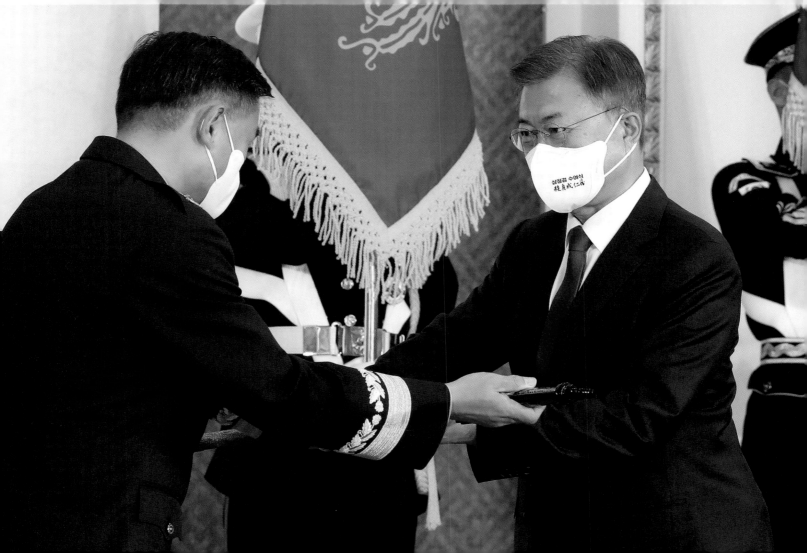

북악산 남측 탐방로를 통해 만세동방에 도착한 문재인 대통령 내외분
(2022년 4월 5일)

코로나19 방역 관계자 격려 오찬에서 발언하는 문재인 대통령
(2022년 4월 28일)

대통령 문재인의 5년 화보집

초판 1쇄 펴낸 날 2022년 5월 31일

엮 은 이   편집부
펴 낸 이   장영재
펴 낸 곳   (주)미르북컴퍼니
자 회 사   더휴먼
전   화   02)3141-4421
팩   스   0505-333-4428
등   록   2012년 3월 16일 (제313-2012-81호)
주   소   서울시 마포구 성미산로32길 12, 2층 (우 03983)
E - mail   sanhonjinju@naver.com
카   페   cafe.naver.com/mirbookcompany
S N S   www.instagram.com/mirbooks